1137

# AVIS

## AU PEUPLE,

### SUR

## LES ÉLECTIONS

### DE 1818.

METZ,

Chez A. THIEL, Libraire, place St.-Jacques;
Et chez L. DE VILLY, Libraire, rue du Petit-Paris.

SEPTEMBRE 1818.

# AVIS AU PEUPLE.

LES électeurs de la Moselle ont déjà reçu des conseils qu'ils se sont montrés fort peu empressés de suivre ; indépendamment du fonds de ces conseils auxquels on trouve une foule de choses à reprendre, il nous semble que la forme elle-même n'en vaut rien. Pourquoi donc s'adresser aux électeurs qui sont moins les organes de leur propre volonté que ceux de l'opinion publique ? Puisqu'il faut éclairer des hommes sur leurs véritables intérêts, il nous semble que tous les citoyens ont des droits à participer à ces lumières ; il faut que tous les citoyens parlent des élections et en parlent en parfaite connaissance de cause ; il faut que l'opinion se forme ainsi librement et hautement ; il faut que l'on soit à l'abri des suggestions perfides qui ont toujours du pouvoir sur l'homme peu éclairé, et qui sont sans force sur celui qui raisonne.

Ainsi donc, si l'on peut donner des avis, c'est à tous les citoyens qu'ils doivent être adressés ; c'est des citoyens que les électeurs les recevront ; dans des élections faites d'après ces principes, des députés sont les véritables représentans d'une province ; dans le cas contraire, ils peuvent fort bien n'être que les élus d'une coterie, aveuglément secondée par des hommes qui rougissent bientôt du concours qu'ils ont prêté à des factieux, à des ennemis du gouvernement, à des ambitieux, à des hommes dépourvus de morale politique. Ce n'est pas parmi eux que nous prendrons nos députés.

Le département de la Moselle, véritablement dévoué à la monarchie, à la légitimité et à la charte, peut être offert comme un modèle des vrais sentimens patriotiques. Quelle province a plus souffert et a donné plus de preuves de résignation, et en même temps de cette fermeté qui impose à la force et à la violence? Quelle province réunit au même degré la douceur, les mœurs sociales à l'énergie militaire? l'armée retentit encore de noms éclatans sortis du sein de ce bon peuple, et qui ont été répétés par la victoire jusqu'aux extrémités de l'Europe. L'habitant de la Moselle qui s'habitue si facilement à la vie des camps et au tumulte des armes, qui reprend aussi aisément ensuite la charrue et les habitudes du foyer paternel, n'a jamais pu concevoir l'exagération des partis; il a vu avec étonnement quelques individus sortis de la modération qui est le caractère distinctif de la masse; il en a eu peur ou pitié, selon que ces exagérations étaient menaçantes ou ridicules; il a lutté contre ce courant d'idées, d'opinions et de circonstances, auquel la passion et l'esprit de parti se laissaient entraîner; il s'est défié des frondeurs et des mécontens autant

que des proneurs enthousiastes du pouvoir ; il est
resté calme et froid observateur de ce délire ; il
ne l'a point partagé , depuis près de trente ans
que toutes les passions s'agitent autour de lui ;
ce n'est pas en 1818 , ce n'est pas après ce long
spectacle d'erreurs dont tant de provinces ont été
le douloureux théâtre , que l'exagération exercera
ici quelqu'empire. Comme une plante éphémère
née sur un sol étranger, elle apparaît dans ce climat,
déjà faible et sans saveur ; elle se flétrit au moindre
souffle et disparaît sans retour. Tous les efforts
ne peuvent lui conserver une existence même fac-
tice. L'exagération est un poison que l'on ne par-
viendrait pas à naturaliser. Si ce poison agissait, ce
ne pourrait être que sur ses imprudens importa-
teurs.

Renoncez donc à de vaines chimères, vous qui
pensez pouvoir offrir à nos suffrages des hommes
exagérés, des hommes qui ont vu le salut de la patrie dans le triomphe de leur opinion ; qui veulent,
ou louangeurs fanatiques du temps passé, ou nova-
teurs audacieux et aveugles, remettre en question
cette cause enfin gagnée de la liberté civile, de l'é-
galité devant la loi, de la monarchie légitime n'a-
gissant que d'après une constitution que l'on ap-
pellerait justement libérale, si ce mot, comme
tant d'autres, n'avait été profané.

Renoncez à vos projets, quelque vagues qu'ils
soient, vous que d'anciennes habitudes rappelle-
raient encore vers les idées de l'ancien régime.

Le fleuve rapide qui brise et entraîne tout ce qui veut ralentir son cours, remonterait plutôt vers sa source. Les lois de la nature sont immuables, la marche de l'esprit des nations l'est également. La révolution est faite ; le Roi et la Charte la sanctionnent dans une foule de ses principes et de leurs conséquences ; ils la terminent en adoptant immuablement ce qui est bon, juste, véritablement utile à la nation.

Renoncez aux projets proclamés par tant d'odieux pamphlets, hommes qui, à une trop funeste époque, aviez conçu, selon vous, la liberté, et n'aviez enfanté que la licence, la terreur, le mépris des mœurs, la profanation des droits les plus sacrés. Nous ne voulons pas rajeunir de vingt-cinq ans à ce prix. En nous parlant d'indépendance, peut-on croire à la pureté de vos vœux, quand ce mot est prononcé par les mêmes bouches qui nous disaient fraternité ou la mort, phrase que le spirituel Chamfort traduisait par ceux-ci : *Sois mon frère, ou je te tue.*

Qu'ils s'expliquent, ces indépendans qui ont des comités, des sous-comités, des correspondans, quelques proneurs, encore timides, à la vérité : que veulent-ils ? la liberté. Et nous aussi, nous la voulons ; et la France entière le répète avec nous ; mais elle la veut pure, ornée de lys, offrant à nos hommages les images sacrées de saint Louis et du bon Henri, et nous montrant leurs dignes fils enfin rendus à la patrie pour son salut, pour son bonheur; elle la veut calme et portant sur son front le mot *Concorde.* N'est-ce pas là la véritable liberté pour laquelle nous avons combattu, tantôt contre d'antiques préjugés, tantôt contre l'anarchie démagogique, tantôt contre le despotisme militaire?

A Dieu ne plaise que nous voulions frapper du même anathême tous les hommes qui servent dans ces rangs. Nous y voyons de vieux athlètes, encore stygmatisés par l'opinion ; nous y voyons des imprudens qui n'ont pas vu le volcan, au moment de sa terrible et sanglante éruption, qui s'agitent sans défiance au bord du cratère, et qui, sans s'en douter, travaillent à le rallumer ; nous y voyons des indifférens qui sont là comme ils seraient ailleurs, et qui y restent, parce qu'on fait des frais pour les retenir ; nous y voyons des hommes à passions, et des hommes qui n'ont que celles qu'on leur souffle ; nous y voyons des méchans et des dupes : les méchans seront démasqués et les dupes éclairées. Ainsi finira la comédie ultra-libérale dont nous avons déjà vu le prologue.

On s'est étrangement mépris sur le caractère des habitans de la Moselle, quand on a osé croire que des noms étrangers viendraient se placer dans l'urne électorale, au signal que donneraient quelques individus. Nous croirions calomnier nos compatriotes, si au milieu d'eux, parmi tant de citoyens dévoués aux intérêts de la province, de magistrats et d'administrateurs intègres et investis à tant de titres de l'estime publique, de négocians et de propriétaires, dont l'industrie a toujours été ennoblie par des vues de prospérité publique, nous ne pouvions nous fixer sur le choix de quatre députés. Oui, nous calomnierions et nos électeurs et nos éligibles. Le moins éclairé de ceux à qui l'on a proposé de faire cet outrage à ses concitoyens, a repoussé cette tentative; il l'a repoussée par conviction, par sentiment, par esprit public. Nous voulons que nos députés reviennent au milieu de nous, recevoir le blâme ou la louange; nous voulons que, partant pour aller remplir la noble mission que notre confiance leur aura imposée, ils songent au retour; nous voulons qu'ils aient puisé parmi ce peuple qu'ils sont appelés à représenter dans l'assemblée de la nation, l'opinion qui nous caractérise; nous sommes amis de la charte, ennemis des partis, étrangers aux violences et aux exagérations. Pourquoi donc confierions-nous des pouvoirs à des hommes qui pourraient bien ne pas prêcher notre parole? ces députés que j'ai à nommer, je veux les connaître d'avance; je veux les avoir vus dans des circonstances difficiles; je veux qu'avant ou après le 20 mars, avant ou après l'ordonnance du 5 septembre, ils aient été les mêmes; j'exige que leur caractère se soit conservé toujours français; qu'ils se soient roidis contre l'esprit de réaction, contre les délations; qu'ils aient protégé le faible et résisté à l'homme puissant. Et que sais-je si ces étrangers remplissent ces conditions indispensables?

Chaque jour mes oreilles sont frappées de noms que l'on ne prononce qu'avec l'accent de la reconnaissance.

Des voix désintéressées me vantent les lumières, l'intégrité de quelques-uns de nos concitoyens.

Une expérience déjà acquise nous prouve que des hommes ont mérité la confiance du peuple, ont défendu les vrais principes de la liberté civile et veulent les consolider.

C'est dans ces classes que nous choisirons ; elles nous offrent toutes les garanties dont nous avons besoin.

De pareils députés suivront la ligne constitutionnelle ; ils se prononceront énergiquement contre tout ce qui en ferait dévier ; ils adopteront toutes les mesures tendantes à consolider le système de la charte et à le développer dans les lois organiques qui nous manquent encore ; ils ne seront ni les détracteurs constans et aveugles des projets qui leur seront soumis, ni les admirateurs passifs de ces mêmes projets ; car un député ne doit être ni l'ennemi, ni l'esclave du pouvoir ; il doit porter à la tribune l'indépendance, la pureté d'intentions, la bonne foi de l'homme d'honneur. Nous voulons qu'il ait son opinion à lui et non celle d'un parti ; si la France et son roi ont un parti, c'est-à-dire, s'il est permis de donner un pareil nom à la cause inséparable de la patrie et du monarque, nous voulons qu'il soit de ce parti. Il ne pourra s'égarer en confondant toujours dans ses pensées, les intérêts des Bourbons et des français.

Sont-ce donc là les garanties que nous offrent aujourd'hui, habitans de la Moselle, tels et tels candidats dont tout le mérite (car c'est sous ce seul rapport qu'on les recommande à notre estime et à nos suffrages), dont tout le mérite, disons-nous, sera de voter en opposition constante avec les ministres.

L'idée d'une opposition nous plait assez à nous autres, tout raisonnables que nous croyons être; nous ne sommes pas moutonniers; mais une résistance perpétuelle peut-elle être justifiée par cette saine raison qui doit nous diriger ? est-elle motivée en ce moment avec nos ministres que nous voyons marcher si droit, si franchement, sous l'heureuse direction d'un souverain éclairé autant qu'ami des hommes qui désirent si énergiquement l'indépendance de notre territoire, et qui vont enfin y parvenir ?

Pouvons-nous soupçonner les desseins de ce ministre qui, vice-roi sous un gouvernement semi-absolu, c'est-à-dire presque souverain lui-même, a préféré mourir sous le ciel de la patrie, partager la fortune de son pays et mener la vie agitée de l'homme d'état, sous un gouvernement libre et représentatif?

La vie entière de ce guerrier illustre qui a si habilement et si justement conquis la confiance des militaires, n'est-elle donc pas inattaquable? l'envie même se tait devant cette réputation, et vous irez la flétrir, parce que M. Gouvion St.-Cyr est ministre de la guerre !

M. Lainé a réclamé les droits imprescriptibles de la nation, au moment où le despotisme impérial faisait courber toutes les têtes ; et ce digne français nous serait suspect, ce défenseur de la loi d'élection serait notre ennemi !

Le soin de la tranquillité publique est confié essentiellement au ministre de la police. A-t-il ou non bien rempli cette tâche? Ce mot de *police*, si menaçant, si odieux naguères, ne nous gêne point aujourd'hui. Ce n'est plus cette inquisition qui se glissait au milieu des familles, sous le régime de Fouché ou de Savary-Rovigo, qui épiait les regards, qui constatait jusqu'aux vœux les plus secrets. Et pourtant la tranquillité règne ! l'écrivain jouit dans la manifestation de la pensée, d'une liberté que l'on croit indéfinie en voyant un journal politique, devenu promptement fameux, grâces à une audace sans exemple jusqu'à présent, paraître sans obstacle. Et nous avons un ministre de la police exerçant une censure sur la presse ! Oserez-vous accuser M. Decazes de tyranniser les opinions?

Les autres ministres du roi laissent-ils plus de prise à une censure perpétuelle? non sans doute.

En vérité les hommes de parti ont un étrange langage et ils comptent trop sans doute sur notre crédulité. Ne vous ont-ils pas dit de ne nommer pour députés aucun fonctionnaire public? voilà l'opinion de ce qu'on appelle *les ultra-libéraux.* Voulez-vous savoir ce que disait, il y a trois ans,

le parti contraire, celui des *ultra-royalistes*, dans quelques départemens. Il insinuait en quelque sorte qu'on devait éloigner des emplois tout homme qui aurait rempli des fonctions quelles qu'elles fussent, depuis la révolution. Le gouvernement s'est opposé constamment à l'application de cette fausse théorie. Il est bien reconnu maintenant qu'on peut avoir servi la France depuis 25 ans et bien servir le Roi. Comment donc nos apôtres ultra-libéraux veulent-ils aujourd'hui nous prêcher une doctrine, combattue avec tant d'avantages, lorsque d'autres exagérés ont mis au jour des maximes co-relatives? Dans notre antipathie pour l'exagération, nous ne souffrirons pas plus le rejet des fonctionnaires pour concourir à être élus députés que le renvoi proposé en 1815, de tous ceux qui avaient fait quelqu'usage de leurs talens depuis 1791. Notre opinion aura peu de poids sans doute sur le *parti* et nous croyons devoir la fortifier par une citation puisée dans un article publié récemment par un de ses écrivains : « Sans doute
» la raison s'oppose à l'injurieuse distinction qui
» voudrait exclure de la chambre des députés,
» les fonctionnaires publics : la chambre a besoin
» au contraire de posséder dans son sein des
» hommes habitués à exécuter les lois et par con-
» séquent à juger des avantages ou des inconvé-
» niens de leurs dispositions. »

Quand on connaît l'esprit français, on est convaincu que des fonctionnaires-députés ne seront

pas plus ministériels-passifs, que les magistrats qui
ont occupé les places administratives et judiciaires
pendant nos orages politiques et qui en occupent
encore, ne sont républicains ou bonapartistes. Le
rejet des fonctionnaires n'est donc qu'un vrai so-
phisme ; il lève le coin du voile dont le *parti*
qui s'agite, cherche à s'envelopper, en montrant
dans quelle classe il veut puiser les représentans :
*celle des hommes sans emploi, sans consistance*
*et qui veulent en avoir à tout prix ;* mais ce n'est
pas là que les citoyens voyent la véritable indépendance d'opinions, la modération, l'oubli des
haines, les sentimens français, c'est-à-dire cons-
titutionnels, qui seuls peuvent consolider notre
édifice social. Quand vous nous offrirez ces garanties, messieurs, vos paroles pourront nous sé-
duire : jusques-là permettez qu'il n'en soit rien ;
en vain vous nous crierez : nous voulons une monarchie constitutionnelle ; nous voulons l'indépendance nationale ; nous voulons le gouvernement
fondé sur la charte. Il nous semble, quand ces
maximes sacrées sortent de vos bouches, devoir
bientôt entendre des prêtresses de Vénus prêcher
la pudeur aux jeunes filles, la chasteté aux épouses,
et leur recommander en même temps de suivre
leur exemple. Pour nous convaincre, il nous faut
dans votre vie, des antécédens qui soient moins
suspects. Permettez-nous d'ailleurs de faire obser-
ver que vous auriez dû mettre plus de discerne-
ment dans les noms inscrits d'avance sur vos
bulletins.

En résultat que voulons-nous ?

Des hommes qui aient donné des garanties à la royauté constitutionnelle et aux libertés de la nation ;

Des hommes qui n'aient pas marqué dans l'exagération des partis ;

Des hommes qui n'aient pas de vengeances à exercer, ou d'intérêts de coterie à défendre ;

Des hommes qui n'aient pas d'arrière-pensée et sur la franchise desquels on puisse compter ;

Des hommes qui, en servant les intérêts de la nation, ne négligent pas ceux de la province, qui aient la volonté et le pouvoir de le faire ;

Des hommes qui au besoin se rendent l'interprète des justes demandes du brave qui sollicite une récompense, de sa veuve affligée, du citoyen opprimé par une autorité quelconque.

Nous déclarons d'avance que nous exigeons toutes ces conditions pour les candidats que nous inscrirons sur nos bulletins. *Nous imite qui voudra.*

******

A METZ, chez LAMORT, Imprimeur, rue du Palais, n°. 10.